Impressum
Verlag: BABADADA GmbH, Nedderfeld 112 , 22529 Hamburg
Geschäftsführer / Verlagsleitung: Harald Hof
Druck: Books on Demand GmbH, In de Tarpen 42, 22848 Norderstedt

Imprint
Publisher: BABADADA GmbH, Nedderfeld 112 , 22529 Hamburg, Germany
Managing Director / Publishing direction: Harald Hof
Print: Books on Demand GmbH, In de Tarpen 42, 22848 Norderstedt

colegio
mokykla

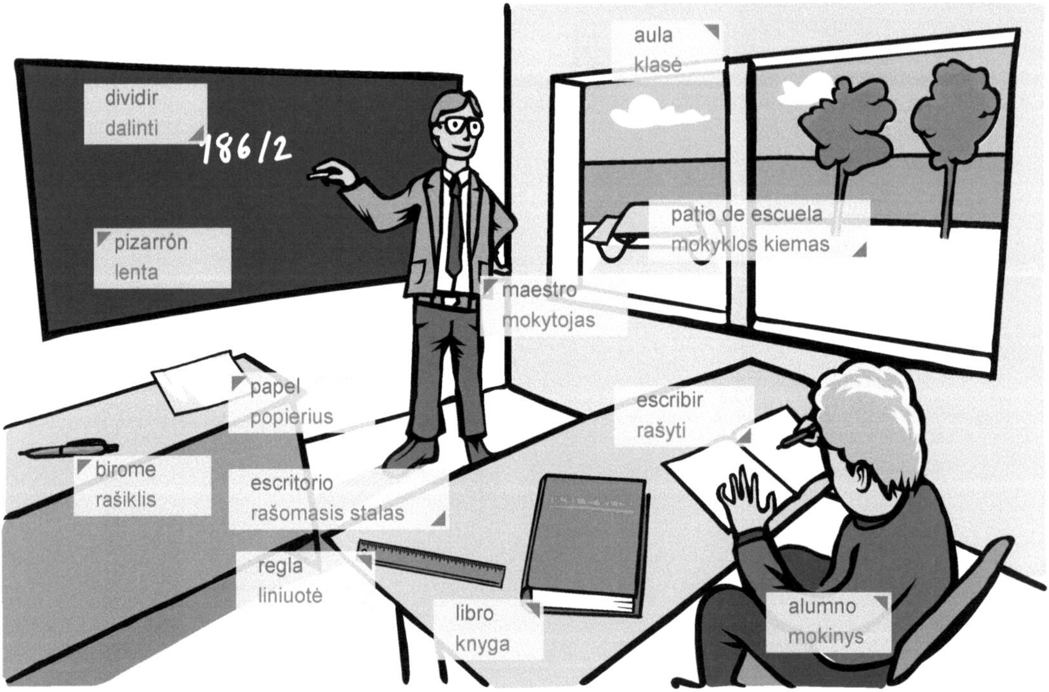
aula
klasė
dividir
dalinti
186/2
pizarrón
lenta
patio de escuela
mokyklos kiemas
maestro
mokytojas
papel
popierius
escribir
rašyti
birome
rašiklis
escritorio
rašomasis stalas
regla
liniuotė
libro
knyga
alumno
mokinys

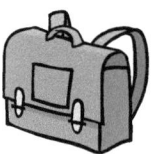

mochila

kuprinė

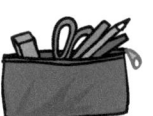

caja de lápices

penalas

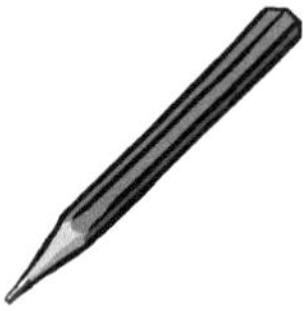

lápiz

pieštukas

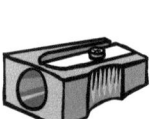

sacapuntas

drožtukas

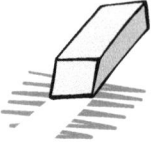

goma (de borrar)

trintukas

bloc de dibujo

piešimo bloknotas

dibujo

piešinys

pincel

teptukas

caja de pinturas

dažų dėžutė

tijera

žirklės

pegamento

klijai

cuaderno de ejercicios

vadovėlis

tarea

namų darbai

12

número

numeris

2+2

sumar

pridėti

5-2

restar

atimti

2×2

multiplicar

dauginti

calcular

skaičiuoti

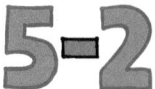

letra

raidė

ABCDEFG HIJKLMN OPQRSTU VWXYZ

abecedario

abėcėlė

palabra

žodis

texto
tekstas

leer
skaityti

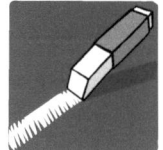

tiza
kreida

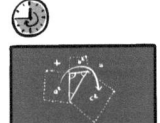

lección
pamoka

cuaderno de clase
dienynas

examen
egzaminas

certificado
pažymėjimas

uniforme escolar
mokyklinė uniforma

educación
išsilavinimas

enciclopedia
enciklopedija

universidad
universitetas

microscopio
mikroskopas

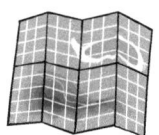

mapa
žemėlapis

tacho (de basura)
šiukšliadėžė

viaje
kelionė

hotel
viešbutis
Grand
hostel
svečių namai
ROOMS
casa de cambio
valiutos keitykla
valija
lagaminas
auto
mašina

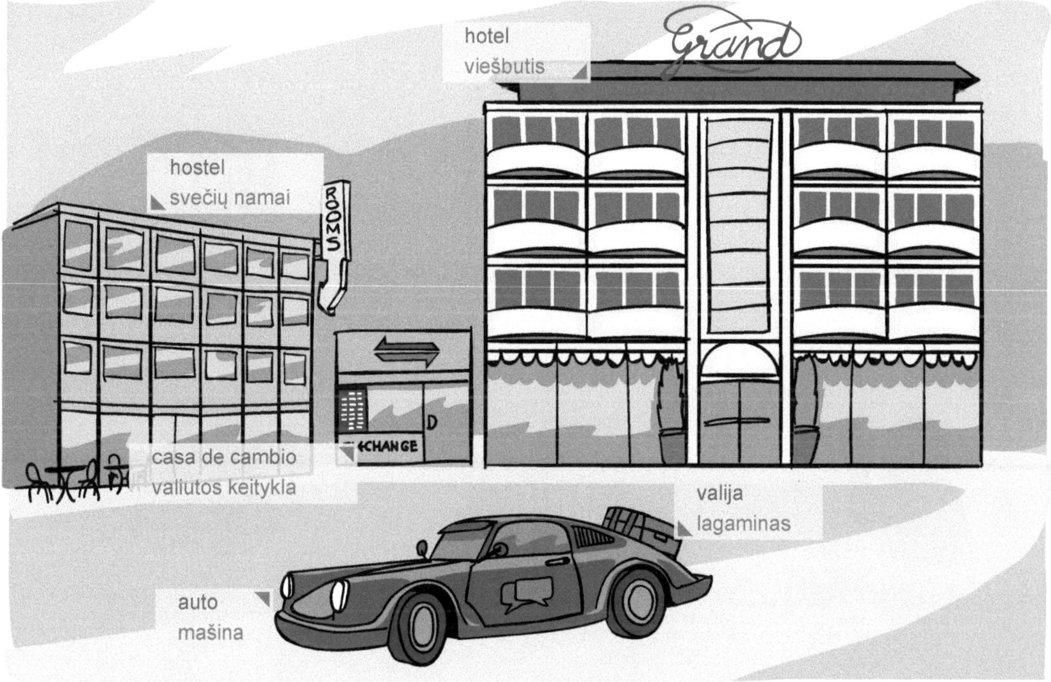

idioma
kalba

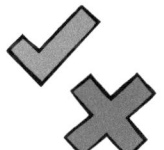

sí / no
taip / ne

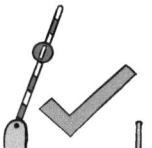

Está bien
Gerai

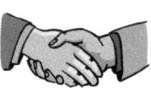

hola
sveiki

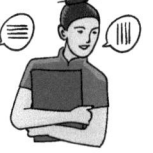

traductor
vertėjas raštu

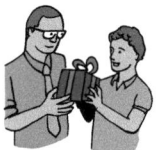

Gracias
Ačiū

¿cuánto cuesta...?

kiek kainuoja...?

No entiendo

aš nesuprantu

problema

problema

¡Buenas tardes!

Labas vakaras!

¡Buenos días!

Labas rytas!

¡Buenas noches!

Labos nakties!

adiós

viso gero

dirección

kryptis

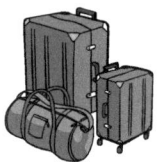

equipaje

bagažas

bolso

krepšys

mochila

kuprinė

invitado

svečias

habitación

kambarys

bolsa de dormir

miegmaišis

carpa

palapinė

información turística

turizmo informacija

playa

paplūdimys

tarjeta de crédito

kreditinė kortelė

desayuno

pusryčiai

almuerzo

pietūs

cena

vakarienė

pasaje

bilietas

ascensor

liftas

sello

pašto ženklas

frontera

siena

aduana

muitinė

embajada

ambasada

visa

viza

pasaporte

pasas

transporte
transportas

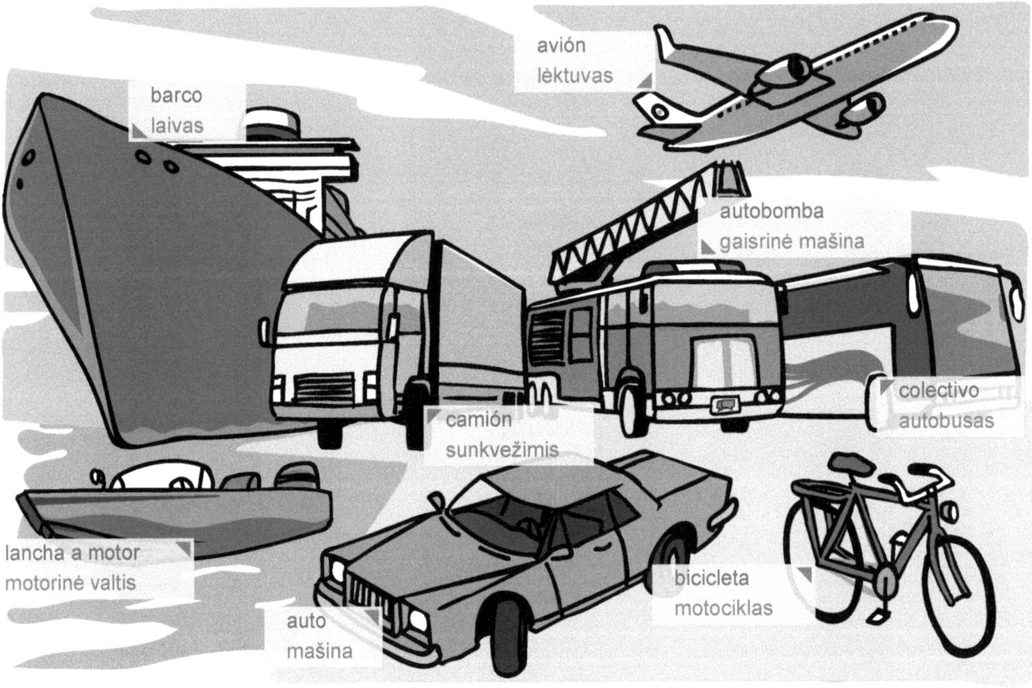
avión
lėktuvas
barco
laivas
autobomba
gaisrinė mašina
colectivo
autobusas
camión
sunkvežimis
lancha a motor
motorinė valtis
bicicleta
motociklas
auto
mašina

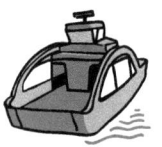

ferry
keltas

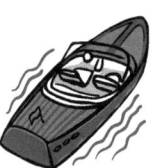

bote
valtis

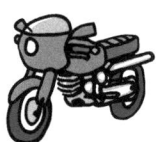

moto
mopedas

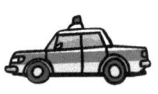

patrullero
policijos automobilis

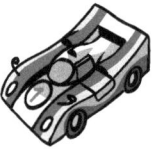

auto de carreras
lenktyninis automobilis

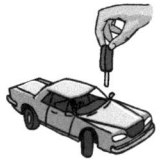

auto de alquiler
nuomojamas automobilis

alquiler de autos

bendras automobilio naudojimas

grúa

techninės pagalbos automobilis

camión de basura

šiukšliavežė

motor

variklis

nafta

degalai

estación de servicio

degalinė

señal de tránsito

kelio ženklas

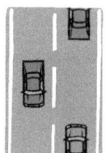

tránsito

eismas

embotellamiento

eismo spūstis

estacionamiento

mašinų stovėjimo aikštelė

estación de tren

traukinių stotis

vías

bėgiai

tren

traukinys

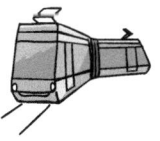

tranvía

tramvajus

vagón

vagonas

helicóptero

sraigtasparnis

aeropuerto

oro uostas

torre

bokštas

pasajero

keleivis

contenedor

konteineris

caja de cartón

dėžė

carretilla

vežimėlis

canasta

krepšys

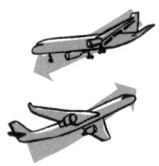

despegar / aterrizar

pakilti / nusileisti

ciudad

miestas

pueblo

kaimas

centro de ciudad

miesto centras

casa

namas

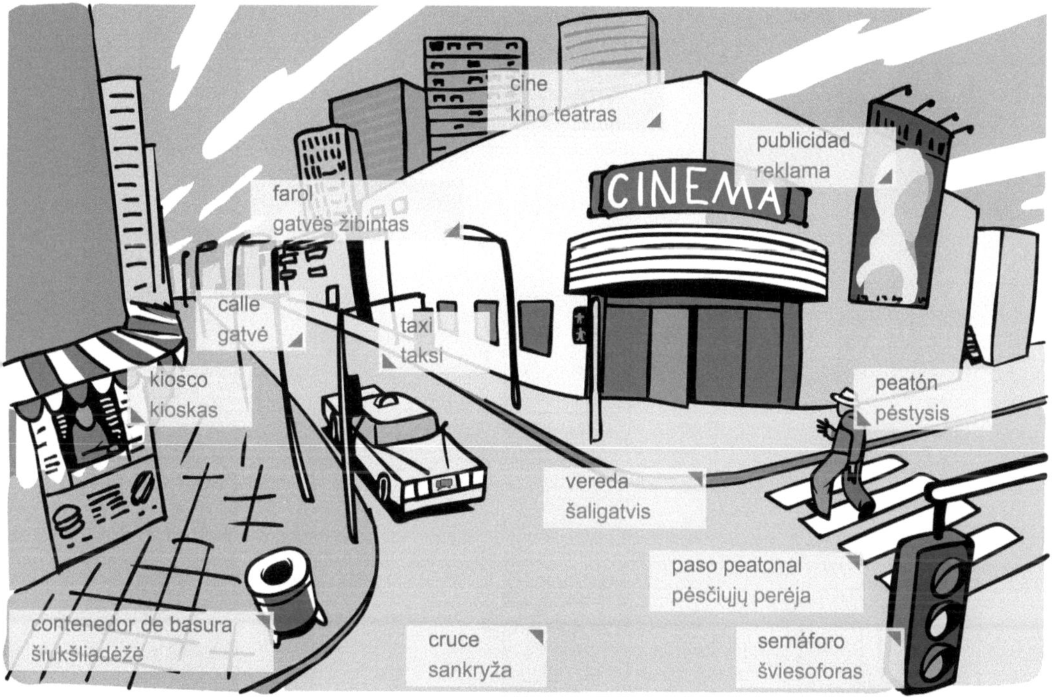
CINEMA
cine
kino teatras
publicidad
reklama
farol
gatvės žibintas
calle
gatvė
taxi
taksi
kiosco
kioskas
peatón
pėstysis
vereda
šaligatvis
paso peatonal
pėsčiųjų perėja
contenedor de basura
šiukšliadėžė
cruce
sankryža
semáforo
šviesoforas

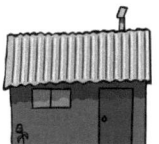

cabaña

trobelė

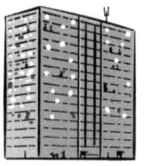

departamento

butas

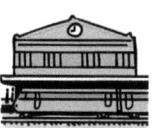

estación de tren

traukinių stotis

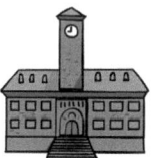

municipalidad

rotušė

MUSEUM

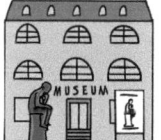

museo

muziejus

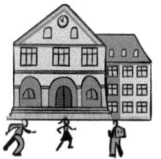

colegio

mokykla

universidad

universitetas

banco

bankas

hospital

ligoninė

hotel

viešbutis

farmacia

vaistinė

oficina

biuras

librería

knygynas

negocio

parduotuvė

florería

gėlių parduotuvė

supermercado

prekybos centras

mercado

turgus

grandes tiendas

universalinė parduotuvė

pescadería

žuvies parduotuvė

centro comercial

prekybos centras

puerto

uostas

parque

parkas

banco

suoliukas

puente

tiltas

escaleras

laiptai

subte

metro

túnel

tunelis

parada del colectivo

autobusų stotelė

bar

baras

restaurante

restoranas

buzón

lauko pašto dėžutė

letrero

kelio ženklas

parquímetro

parkomatas

zoológico

zoologijos sodas

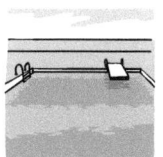

pileta

baseinas

mezquita

mečetė

granja
ūkininko ūkis

contaminación
tarša

cementerio
kapinės

iglesia
bažnyčia

juegos infantiles
žaidimų aikštelė

templo
šventykla

paisaje
kraštovaizdis

hoja
lapas

poste indicador
kelio rodyklė

camino
kelias

pradera
pieva

piedra
akmuo

árbol
medis

excursionista
ėjikas

río
upė

hierba
žolė

flor
gėlė

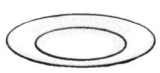

plato

lėkštė

plato hondo

sriubos lėkštė

plato

padėklas

salsa

padažas

salero

druskinė

molinillo de pimienta

pipirų malūnėlis

vinagre

actas

aceite

aliejus

especias

prieskoniai

kétchup

kečupas

mostaza

garstyčios

mayonesa

majonezas

supermercado

prekybos centras

oferta especial
specialus pasiūlymas
FOR
cliente
pirkėjas
lácteos
pieno produktai
fruta
vaisiai
changuito
troleibusas

BUTCHERS

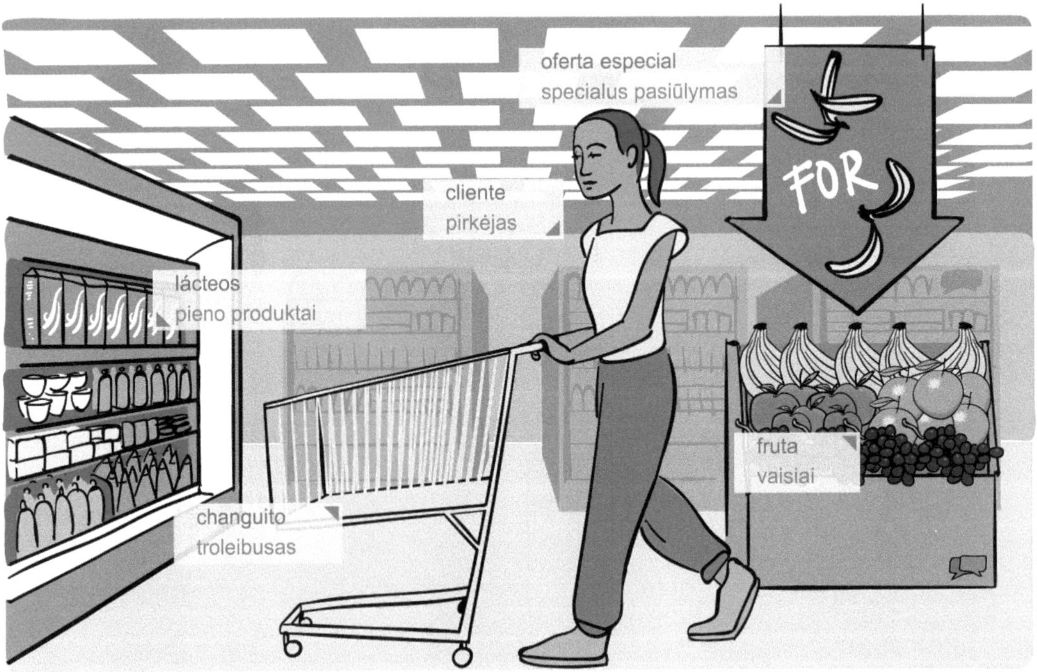

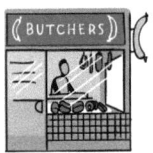

carnicería

mėsos parduotuvė

BAKERY

panadería

kepykla

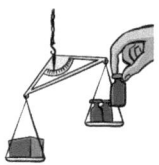

pesar

sverti

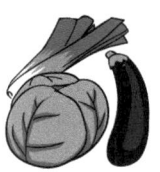

verduras

daržovės

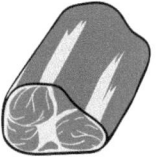

carne

mėsa

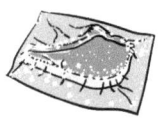

alimentos congelados

šaldytas maistas

fiambres

šalti mėsos užkandžiai

alimentos enlatados

konservai

detergente en polvo

skalbimo milteliai

golosinas

saldumynai

electrodomésticos

ūkinės prekės

productos de limpieza

valymo priemonės

vendedora

pardavėja

caja

kasos aparatas

cajero

kasininkas

lista de compras

pirkinių sąrašas

horario de atención

darbo valandos

billetera

piniginė

tarjeta de crédito

kreditinė kortelė

cartera

maišelis

bolsa de plástico

plastikinis maišelis

agua

vanduo

jugo

sultys

leche

pienas

bebida cola

kola

vino

vynas

cerveza

alus

alcohol

alkoholis

cacao

kakava

té

arbata

café

kava

café expreso

espresas

cappuccino

kapučinas

banana

bananas

manzana

obuolys

naranja

apelsinas

melón

arbūzas

limón

citrina

zanahoria

morka

ajo

česnakas

bambú

bambukas

cebolla

svogūnas

champiñón

grybas

nueces

riešutai

fideos

makaronai

tallarines

spagečiai

arroz

ryžiai

ensalada

salotos

papas fritas

traškučiai

papas fritas

keptos bulvės

pizza

pica

hamburguesa

mėsainis

sándwich

sumuštinis

churrasco

pjausnys

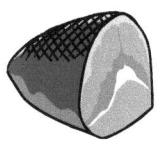

jamón

kumpis

salame

saliamis

salchicha

dešrelė

pollo

vištiena

asado

kepsnys

pescado

žuvis

comida - maistas

copos de avena

avižų dribsniai

muesli

dribsniai su priedais

copos de maíz

kukurūzų dribsniai

harina

miltai

medialuna

prancūziškasis ragelis

pancito

bandelė

pan

duona

tostada

skrebutis

galletitas

sausainiai

manteca

sviestas

cuajada

varškė

torta

tortas

huevo

kiaušinis

huevo frito

kiaušinienė

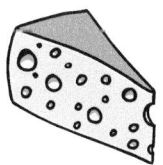

queso

sūris

helado

ledai

azúcar

cukrus

miel

medus

mermelada

uogienė

pasta de chocolate

tepamas šokoladas

curry

karis

granja
ūkininko ūkis

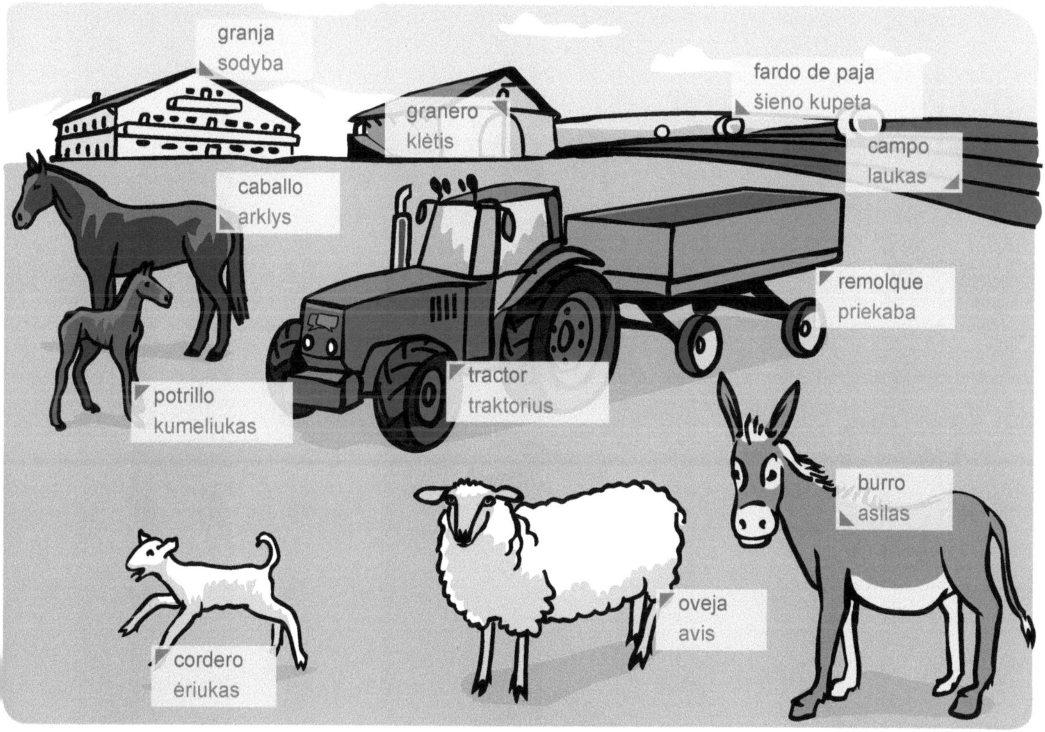

granja
sodyba
fardo de paja
šieno kupeta
granero
klėtis
campo
laukas
caballo
arklys
remolque
priekaba
tractor
traktorius
potrillo
kumeliukas
burro
asilas
oveja
avis
cordero
ėriukas

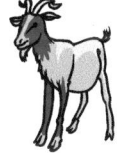

cabra
ožys

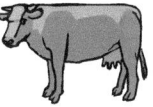

vaca
karvė

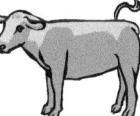

ternero
veršis

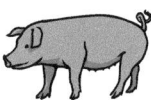

cerdo
kiaulė

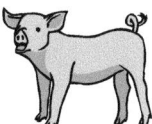

lechón
paršelis

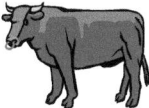

toro
bulius

ganso
žąsis

pato
antis

pollo
viščiukas

gallina
višta

gallo
gaidys

rata
žiurkė

gato
katė

ratón
pelė

buey
jautis

perro
šuo

cucha
šuns būda

manguera
sodo namas

regadera
laistytuvas

guadaña
dalgis

arado
plūgas

hoz

pjautuvas

azada

kauptukas

horquilla

šakės

hacha

kirvis

carretilla

statinė

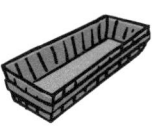

abrevadero

lovys

lechera

bidonas

bolsa

maišas

reja

tvora

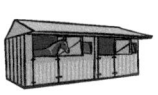

establo

arklidė

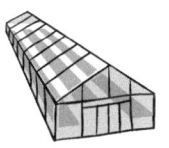

invernadero

šiltnamis

suelo

dirva

semilla

sėkla

fertilizador

trąšos

cosechadora

kombainas

cosechar

rinkti

cosecha

derlius

batatas

saldžiosios bulvės

trigo

kviečiai

soja

soja

papa

bulvė

maíz

kukurūzai

semilla de colza

rapsai

árbol frutal

vaismedis

mandioca

manijokas

cereales

grūdai

casa
namas

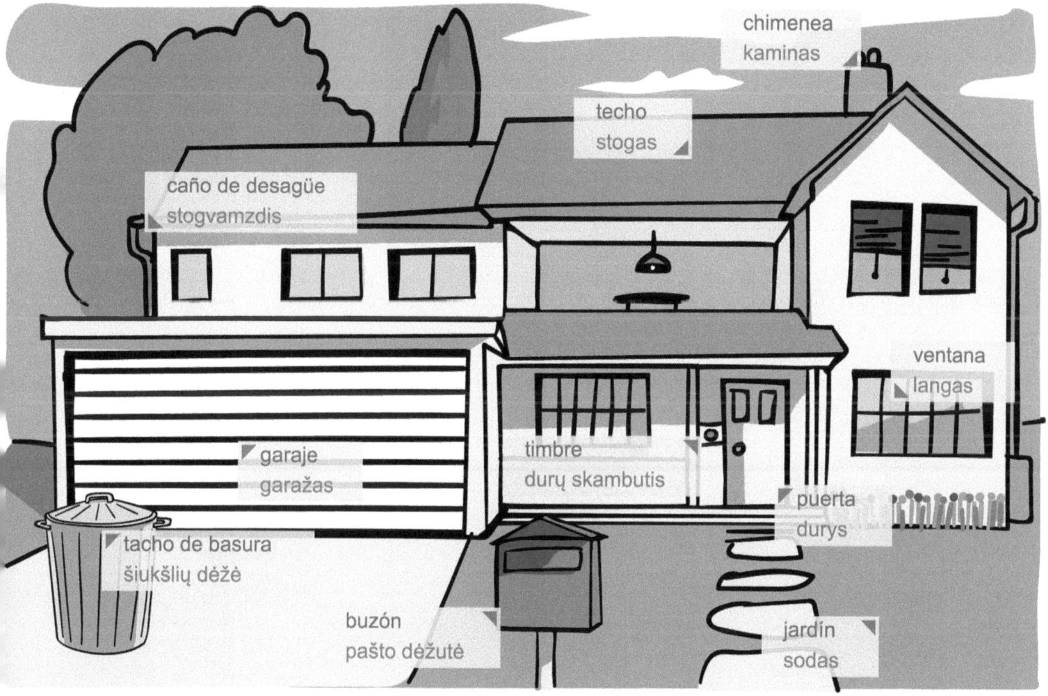

chimenea
kaminas
techo
stogas
caño de desagüe
stogvamzdis
ventana
langas
garaje
garažas
timbre
durų skambutis
puerta
durys
tacho de basura
šiukšlių dėžė
buzón
pašto dėžutė
jardín
sodas

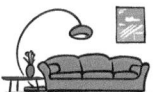

living
svetainė

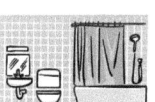

baño
vonios kambarys

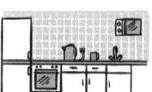

cocina
virtuvė

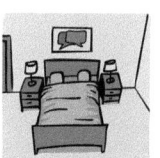

dormitorio
miegamasis

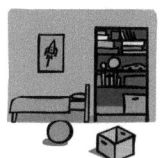

cuarto de los chicos
vaiko kambarys

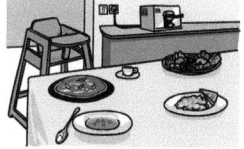

comedor
valgomasis

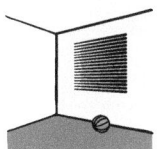

piso

grindys

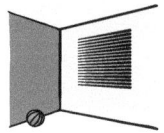

pared

siena

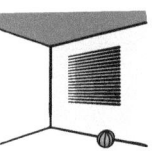

cielorraso

lubos

sótano

rūsys

sauna

sauna

balcón

balkonas

terraza

terasa

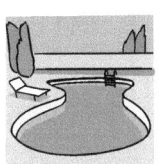

pileta

baseinas

cortadora de pasto

žoliapjovė

sábana

paklodė

acolchado

lovatiesė

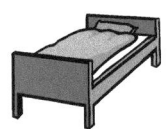

cama

lova

escoba

šluota

balde

kibiras

interruptor

jungiklis

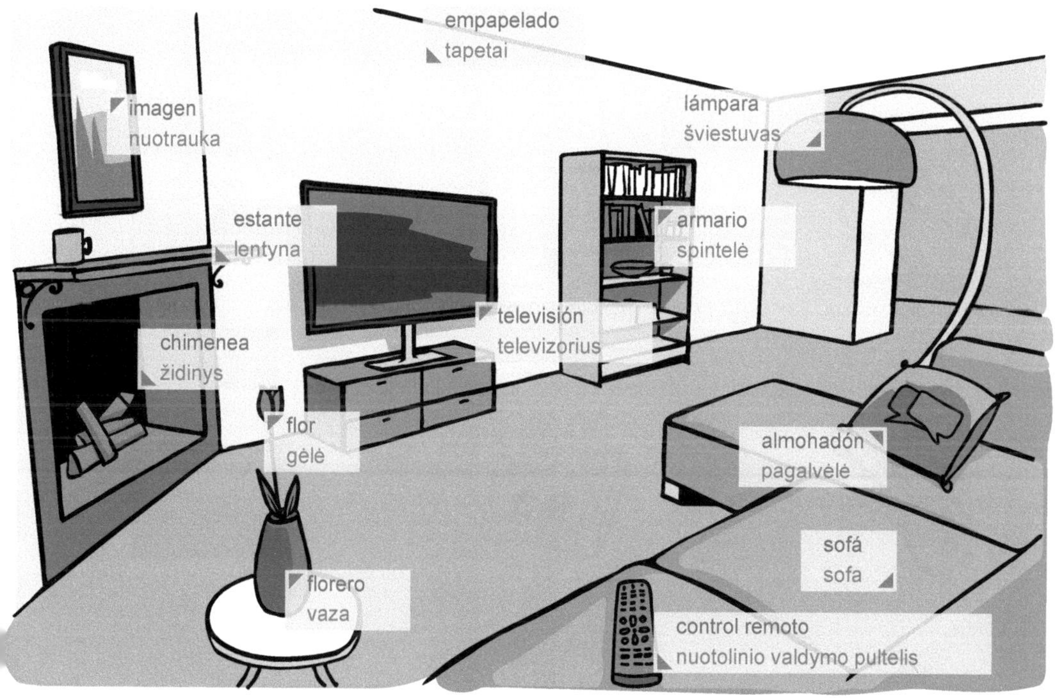

empapelado
tapetai

imagen
nuotrauka

lámpara
šviestuvas

estante
lentyna

armario
spintelė

televisión
televizorius

chimenea
židinys

flor
gėlė

almohadón
pagalvėlė

sofá
sofa

florero
vaza

control remoto
nuotolinio valdymo pultelis

alfombra
kilimas

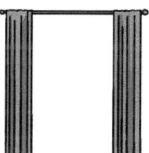

cortina
užuolaida

mesa
stalas

silla
kėdė

mecedora
supamasis krėslas

sillón
fotelis

libro

knyga

frazada

antklodė

decoración

papuošimai

leña

malkos

película

filmas

equipo de música

stereo aparatūra

llave

raktas

diario

laikraštis

pintura

paveikslas

póster

plakatas

radio

radijas

cuaderno

užrašų knygelė

aspiradora

dulkių siurblys

cactus

kaktusas

vela

žvakė

cocina
virtuvė

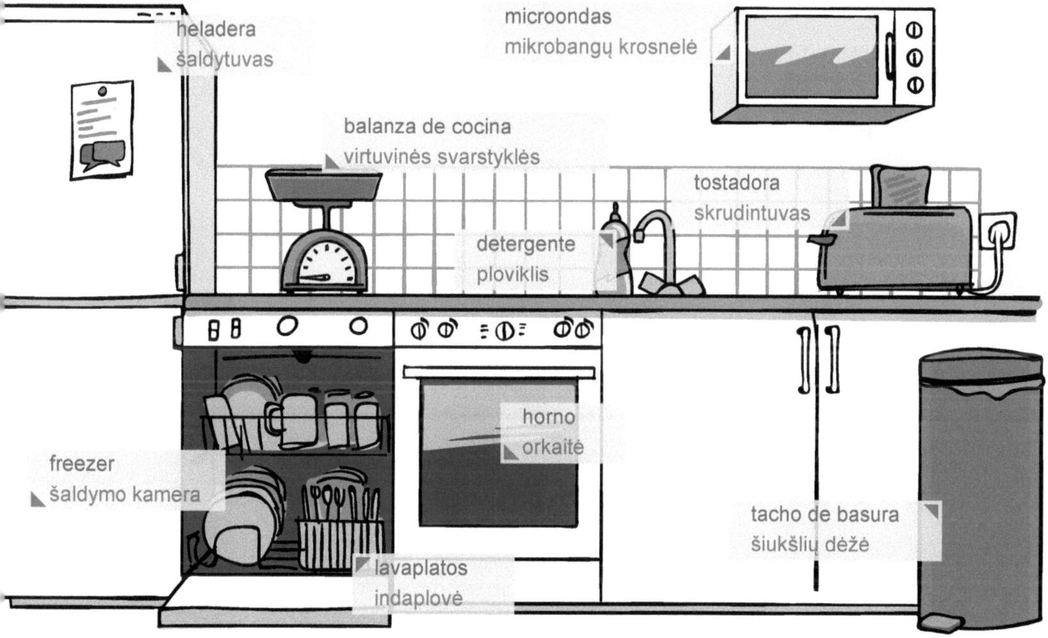

heladera
šaldytuvas
microondas
mikrobangų krosnelė
balanza de cocina
virtuvinės svarstyklės
tostadora
skrudintuvas
detergente
ploviklis
horno
orkaitė
freezer
šaldymo kamera
tacho de basura
šiukšlių dėžė
lavaplatos
indaplovė

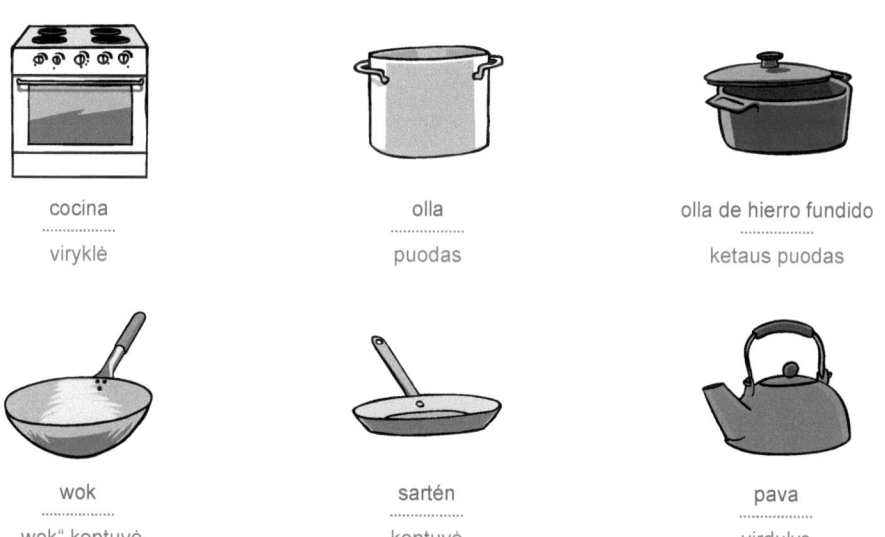

cocina

viryklė

olla

puodas

olla de hierro fundido

ketaus puodas

wok

„wok“ keptuvė

sartén

keptuvė

pava

virdulys

vaporera

garų puodas

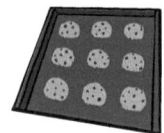

bandeja de horno

kepimo skarda

vajilla

porceliano indai

taza

puodelis

bol

dubuo

palitos

valgomosios lazdelės

cucharón

samtis

estpátula

mentelė

batidora

plaktuvas

colador

koštuvas

colador

sietas

rallador

trintuvė

mortero

grūstuvė

parrilla

kepsninė

fogata

atvira liepsna

tabla de picar

pjaustymo lentelė

palo de amasar

kočėlas

sacacorchos

kamščiatraukis

lata

skardinė

abrelatas

skardinių atidarytuvas

manopla

puodkėlė

pileta

kriauklė

cepillo

šepetys

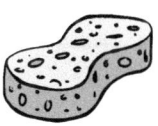

esponja

kempinė

batidora

trintuvas

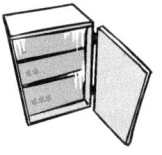

congelador

šaldiklis

mamadera

kūdikių buteliukas

canilla

čiaupas

baño

vonios kambarys

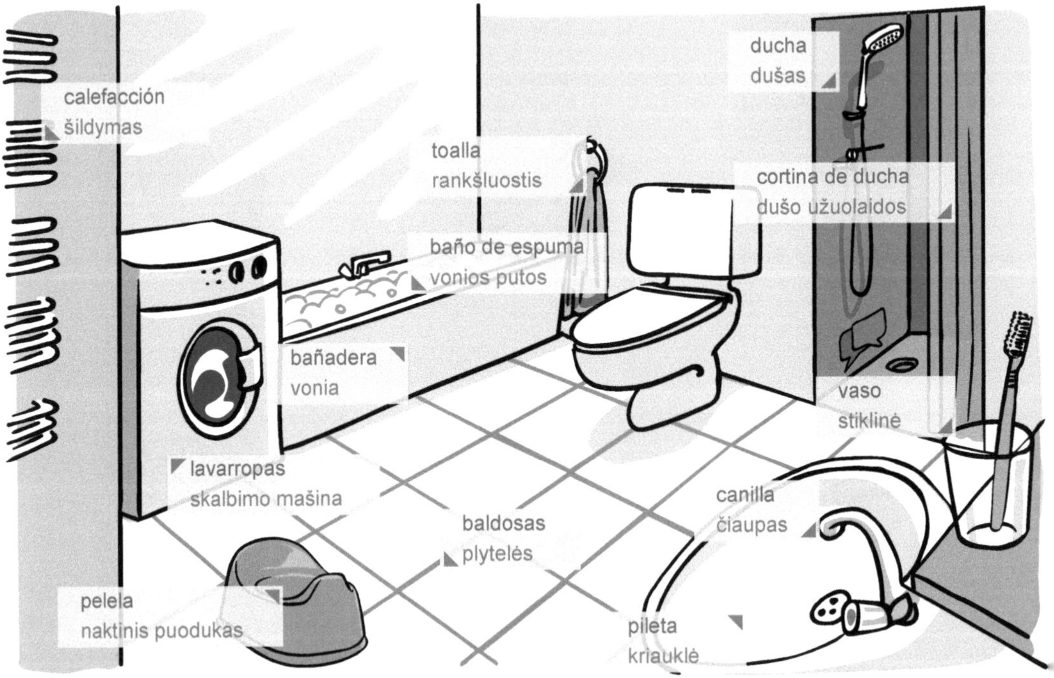

calefacción
šildymas
toalla
rankšluostis
baño de espuma
vonios putos
ducha
dušas
cortina de ducha
dušo užuolaidos
bañadera
vonia
lavarropas
skalbimo mašina
baldosas
plytelės
vaso
stiklinė
canilla
čiaupas
pelela
naktinis puodukas
pileta
kriauklė

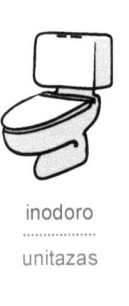

inodoro

unitazas

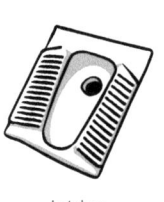

letrina

tupimasis unitazas

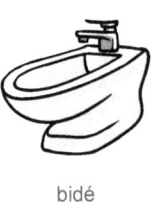

bidé

bidė

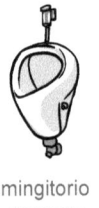

mingitorio

pisuaras

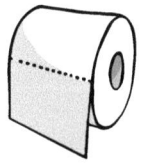

papel higiénico

tualetinis popierius

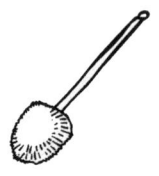

cepillo para el inodoro

unitazo šepetys

cepillo de dientes

dantų šepetėlis

dentífrico

dantų pasta

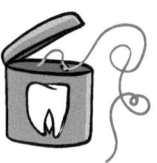

hilo dental

dantų siūlas

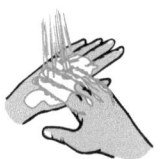

lavar

plauti

ducha de mano

dušo galvutė

ducha higiénica

higieninis dušas

palangana

praustuvas

cepillo para espalda

nugaros plaušinė

jabón

muilas

gel de ducha

dušo želė

shampoo

šampūnas

toallita

plaušinė

desagüe

kanalizacija

crema

kremas

desodorante

dezodorantas

espejo

veidrodis

espejito

veidrodėlis

maquinita de afeitar

skustuvas

espuma de afeitar

skutimosi putos

aftershave

losjonas po skutimosi

peine

šukos

cepillo

šepetys

secador de pelo

plaukų džiovintuvas

spray

plaukų lakas

maquillaje

makiažas

lápiz de labios

lūpdažis

esmalte para uñas

nagų lakas

algodón

vata

tijera para uñas

žirklutės nagams

perfume

kvepalai

portacosméticos

maišelis skalbiniams

banqueta

taburetė

balanza

svarstyklės

bata

chalatas

guantes de goma

guminės pirštinės

tampón

tamponas

toallita femenina

higieninis įklotas

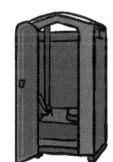

baño químico

biotualetas

baño - vonios kambarys

cuarto de los chicos
vaiko kambarys

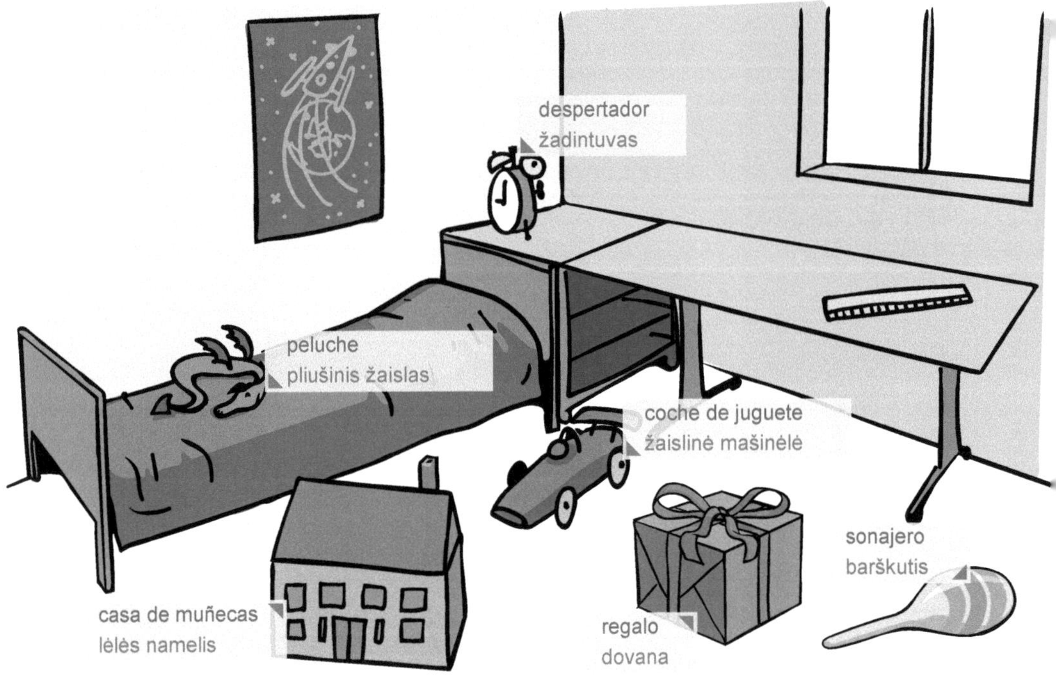
despertador
žadintuvas
peluche
pliušinis žaislas
coche de juguete
žaislinė mašinėlė
sonajero
barškutis
casa de muñecas
lėlės namelis
regalo
dovana

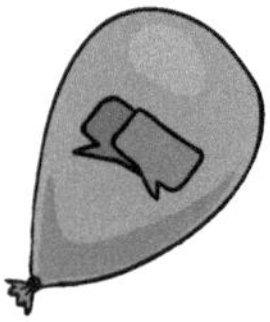

globo
balionas

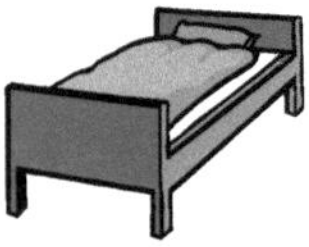

cama
lova

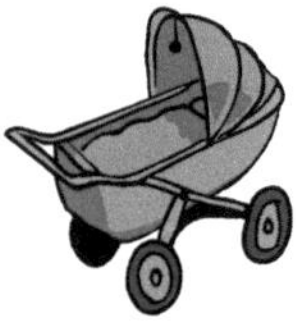

cochecito
vaikiškas vežimėlis

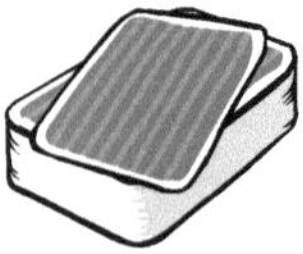

cartas
kortų malka

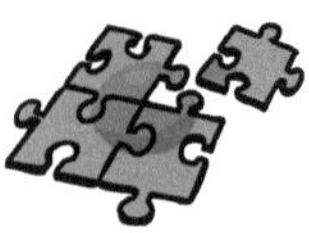

rompecabezas
delionė

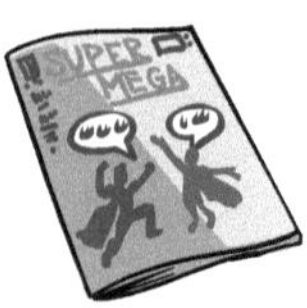
SUPER
MEGA

historieta
komiksai

piezas de lego

lego kaladėlės

ladrillos de juguete

žaislinės kaladėlės

figura de acción

figūrėlė

enterito (de bebé)

šliaužtinukai

frisbee

mėtymo lėkštė

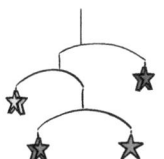

móvil para bebés

karuselė

juego de mesa

stalo žaidimas

dados

kauliukai

tren eléctrico

žaislinis traukinys

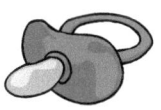

chupete

žindukas

fiesta

vakarėlis

libro de cuentos ilustrado

paveiksliukų knygelė

pelota

kamuolys

muñeca

lėlė

jugar

žaisti

arenero

smėlio dėžė

hamaca

sūpynės

juguetes

žaislai

consola de videojuegos

žaidimų konsolė

triciclo

triratukas

osito de peluche

meškiukas

armario

drabužių spinta

ropa
drabužis

medias

kojinės

medias panty

kojinės virš kelių

calzas

pėdkelnės

bufanda
šalikas

paraguas
skėtis

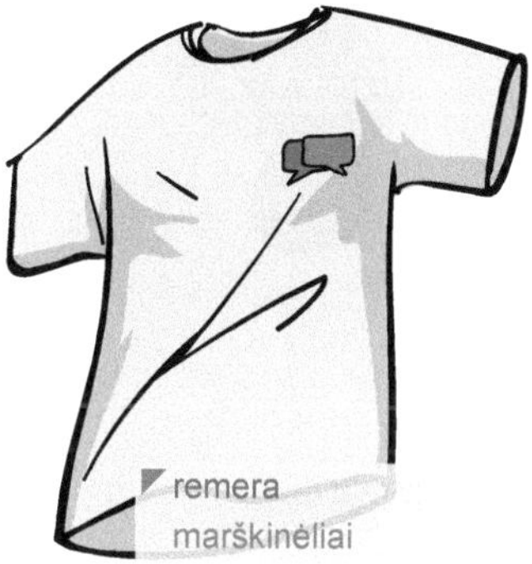

cinturón
diržas

remera
marškinėliai

botas
ilgaauliai batai

pantuflas
šlepetės

zapatillas
sportbačiai

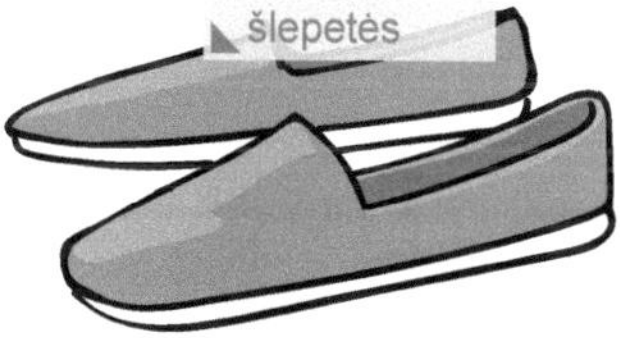

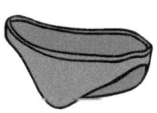

sandalias
sandalai

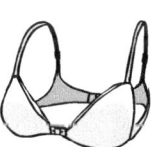

zapatos
batai

botas de goma
guminiai batai

ropa interior
trumpikės

corpiño
liemenėlė

chaleco
liemenė

body
glaustinukė

pantalones
kelnės

jeans
džinsai

pollera
sijonas

blusa
palaidinė

camisa
marškiniai

pulóver
megztinis

buzo
megztinis su gobtuvu

blazer
švarkelis

campera
švarkas

tapado
paltas

piloto
lietpaltis

traje
kostiumas

vestido
suknelė

vestido de novia
vestuvinė suknelė

traje

kostiumas

camisón

naktiniai marškiniai

pijama

pižama

sari

saris

pañuelo para cabeza

skarelė

turbante

tiurbanas

burka

burka

caftán

kaftanas

abaya

abaja

traje de baño

maudymosi kostiumėlis

short de baño

glaudės

shorts

šortai

jogging

sportinis kostiumas

delantal

prijuostė

guantes

pirštinės

botón

saga

anteojos

akiniai

pulsera

apyrankė

collar

vėrinys

anillo

žiedas

aro

auskaras

gorra

kepurė

percha

pakabas

sombrero

skrybėlė

corbata

kaklaraištis

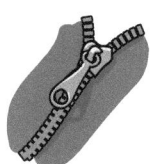

cierre

užtrauktukas

casco

šalmas

tiradores

breketai

uniforme escolar

mokyklinė uniforma

uniforme

uniforma

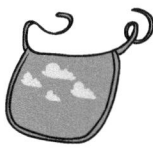

babero

seilinukas

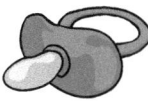

chupete

žindukas

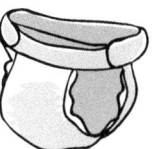

pañal

vystyklai

oficina
biuras

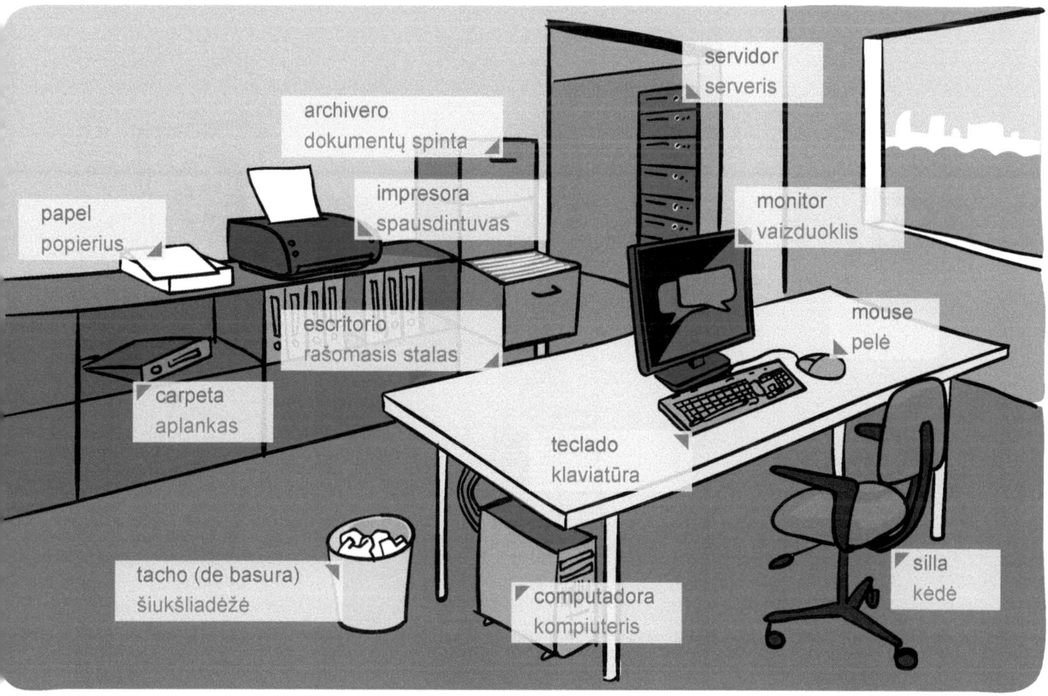
servidor
serveris
archivero
dokumentų spinta
impresora
spausdintuvas
papel
popierius
monitor
vaizduoklis
mouse
pelė
escritorio
rašomasis stalas
carpeta
aplankas
teclado
klaviatūra
tacho (de basura)
šiukšliadėžė
computadora
kompiuteris
silla
kėdė

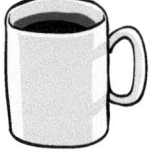

taza de café

kavos puodelis

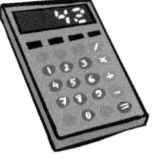

calculadora

kalkuliatorius

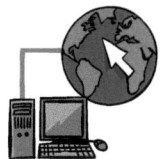

internet

internetas

laptop

nešiojamasis kompiuteris

carta

laiškas

mensaje

žinutė

celular

mobilusis telefonas

red

tinklas

fotocopiadora

fotokopijavimo aparatas

software

programinė įranga

teléfono

telefonas

tomacorriente

kištukinis lizdas

fax

faksas

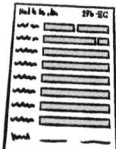

formulario

forma

documento

dokumentas

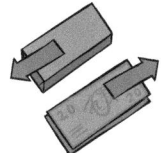

comprar
pirkti

pagar
mokėti

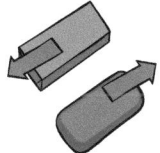

hacer negocios
prekiauti

dinero
pinigai

dólar
doleris

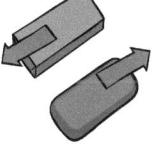

euro
euras

yen
jena

rublo
rublis

franco suizo
Šveicarijos frankas

yuan
juanis

rupia
rupija

cajero automático
bankomatas

casa de cambio

valiutos keitykla

oro

auksas

plata

sidabras

petróleo

nafta

energía

energija

precio

kaina

contrato

sutartis

impuesto

mokestis

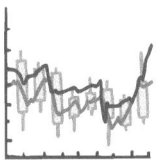

acción

akcijos

trabajar

dirbti

empleado

darbuotojas

empleador

darbdavys

fábrica

gamykla

negocio

parduotuvė

ocupaciones
profesijos

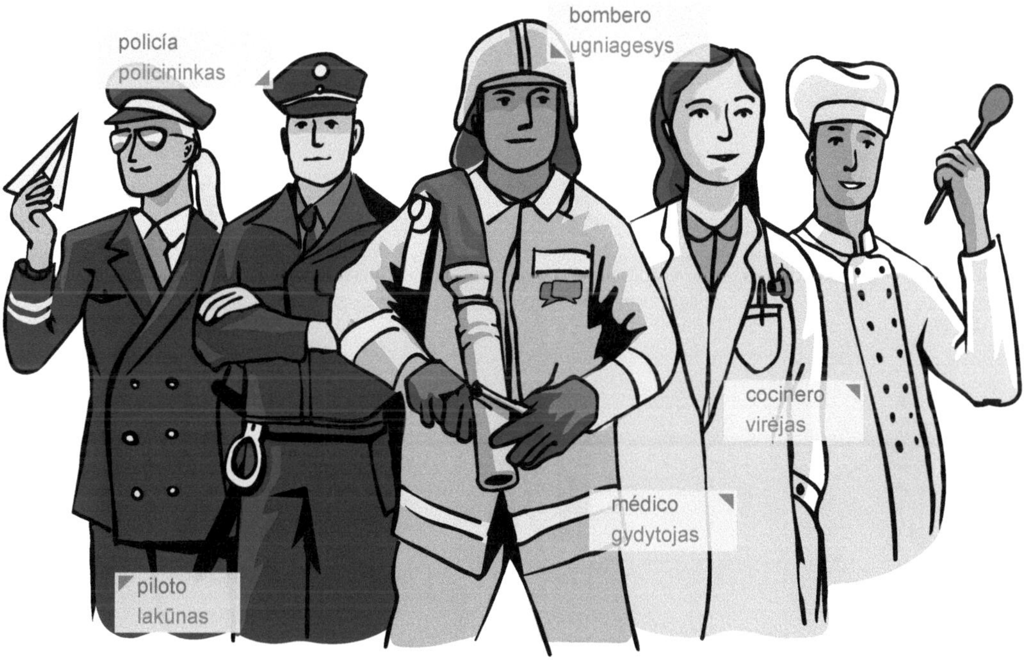
policía
policininkas
bombero
ugniagesys
cocinero
virėjas
médico
gydytojas
piloto
lakūnas

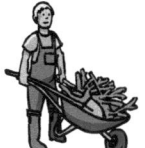

jardinero

sodininkas

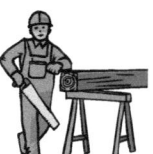

carpintero

stalius

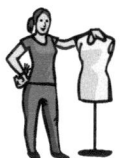

modista

siuvėja

juez

teisėjas

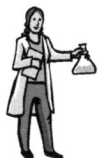

farmacéutico

chemikas

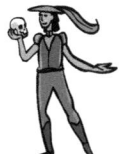

actor

aktorius

colectivero

autobuso vairuotojas

taxista

taksi vairuotojas

pescador

žvejys

mucama

valytoja

techista

stogdengys

mozo

padavėjas

cazador

medžiotojas

pintor

dailininkas

panadero

kepėjas

electricista

elektrikas

albañil

statybininkas

ingeniero

inžinierius

carnicero

mėsininkas

plomero

santechnikas

cartero

paštininkas

soldado

kareivis

arquitecto

architektas

cajero

kasininkas

florista

gélininkas

peluquero

kirpėjas

cobrador

konduktorius

mecánico

mechanikas

capitán

kapitonas

dentista

odontologas

científico

mokslininkas

rabino

rabinas

imán

imamas

monje

vienuolis

sacerdote

kunigas

herramientas
įrankiai

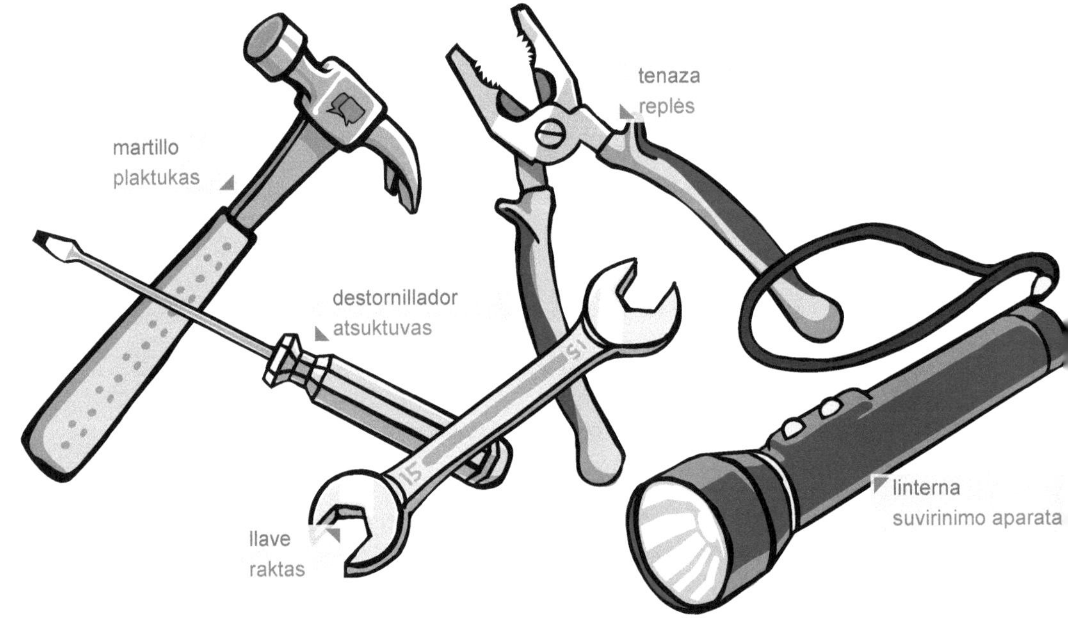

tenaza
replės
martillo
plaktukas
destornillador
atsuktuvas
linterna
suvirinimo aparata
llave
raktas

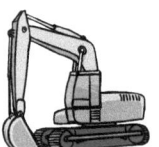

excavadora

ekskavatorius

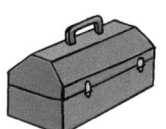

caja de herramientas

įrankių dėžė

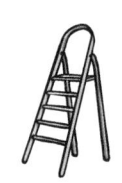

escalera portátil

kopėčios

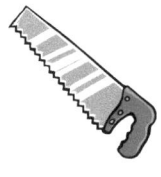

sierra

pjūklas

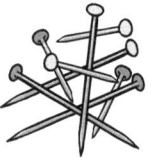

clavos

vinys

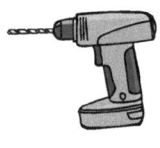

taladro

grąžtas

arreglar

taisyti

pala de jardín

kastuvas

¡Qué bronca!

Velniava!

pala de plástico

semtuvėlis

tacho de pintura

dažų skardinė

tornillos

varžtai

instrumentos musicales
muzikos instrumentai

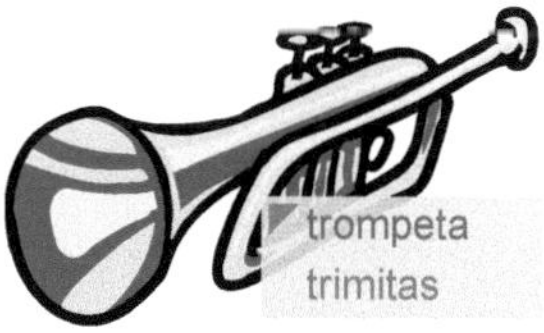

batería
būgnų rinkinys

parlante
garsiakalbis

guitarra
gitara

contrabajo
kontrabosas

trompeta
trimitas

piano

pianinas

violín

smuikas

bajo

bosinė gitara

timbales

timpanas

tambor

būgnai

teclado

sintezatorius

saxofón

saksofonas

flauta

fleita

micrófono

mikrofonas

zoológico
zoologijos sodas

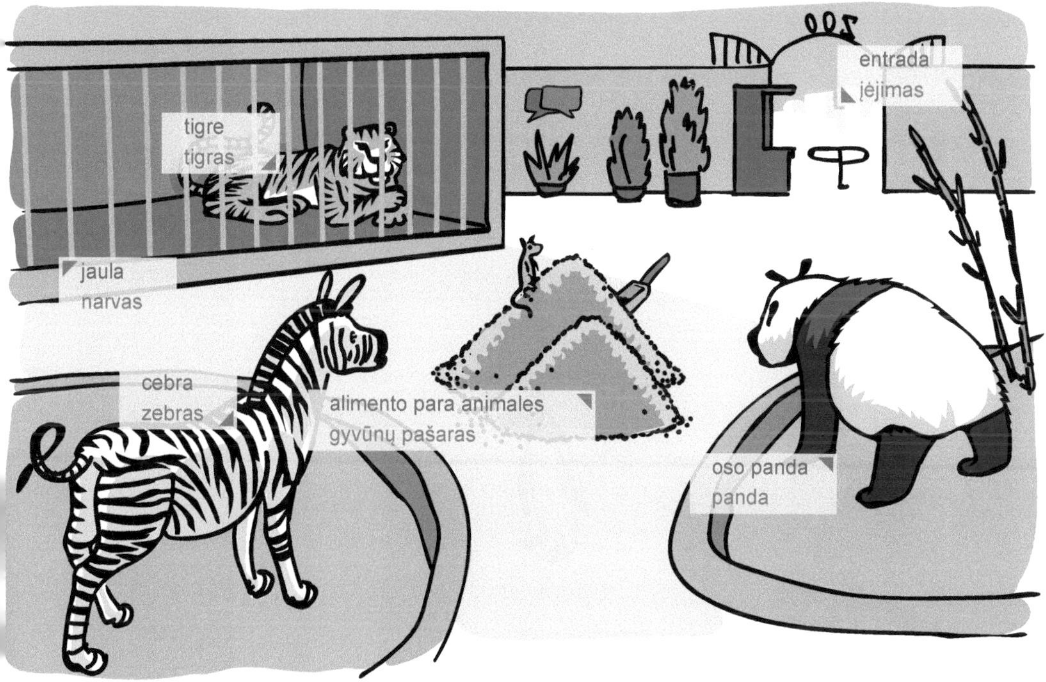

zoo
entrada
įėjimas
tigre
tigras
jaula
narvas
cebra
zebras
alimento para animales
gyvūnų pašaras
oso panda
panda

animales
gyvūnai

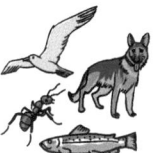

elefante
dramblys

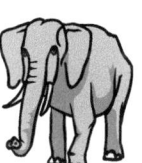

canguro
kengūra

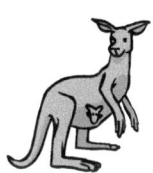

rinoceronte
raganosis

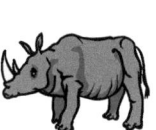

gorila
gorila

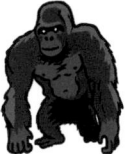

oso
meška

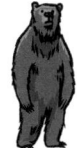

camello

kupranugaris

avestruz

strutis

león

liūtas

mono

beždžionė

flamenco

flamingas

loro

papūga

oso polar

baltoji meška

pingüino

pingvinas

tiburón

ryklys

pavo real

povas

serpiente

gyvatė

cocodrilo

krokodilas

cuidador del zoológico

zoologijos sodo prižiūrėtojas

foca

ruonis

jaguar

jaguaras

poni

ponis

leopardo

leopardas

hipopótamo

begemotas

jirafa

žirafa

águila

erelis

jabalí

šernas

pescado

žuvis

tortuga

vėžlys

morsa

vėplys

zorro

lapė

gacela

gazelė

fútbol americano
amerikietiškas futbolas

ciclismo
dviračių sportas

tenis
tenisas

básquet
krepšinis

natación
plaukimas

boxeo
boksas

hockey sobre hielo
ledo ritulys

fútbol
....
futbolas

bádminton
....
badmintonas

atletismo
....
atletika

handball
....
rankinis

esquí
....
slidinėjimas

polo
....
polas

saltar
šokinėti

abrazar
apkabinti

reír
juoktis

caminar
vaikščioti

cantar
dainuoti

soñar
svajoti

rezar
melstis

besar
bučiuoti

escribir
rašyti

dibujar
piešti

mostrar
rodyti

presionar
stumti

dar
duoti

tomar
imti

tener
turėti

hacer
daryti

ser
būti

estar parado
stovėti

correr
bėgti

tirar
traukti

tirar
mesti

caer
kristi

estar acostado
meluoti

esperar
laukti

llevar
nešti

estar sentado
sėdėti

vestirse
rengtis

dormir
miegoti

despertar
pabusti

mirar

žiūrėti

llorar

verkti

acariciar

glostyti

peinar

šukuoti

hablar

kalbėti

entender

suprasti

preguntar

paklausti

escuchar

klausytis

beber

gerti

comer

valgyti

ordenar

tvarkytis

amar

mylėti

cocinar

gaminti

manejar

vairuoti

volar

skristi

navegar

buriuoti

calcular

skaičiuoti

leer

skaityti

aprender

mokytis

trabajar

dirbti

casarse

vesti

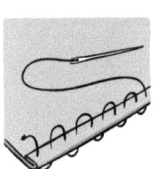

coser

siūti

cepillarse los dientes

valytis dantis

matar

žudyti

fumar

rūkyti

enviar

siųsti

abuela
senelė

abuelo
senolis

padre
tėvas

madre
motina

bebé
kūdikis

hija
dukra

hijo
sūnus

invitado
svečias

tía
teta

tío
dėdė

hermano
brolis

hermana
sesuo

cuerpo
kūnas

frente
kakta
ojo
akis
hombro
petys
dedo
pirštas
cara
veidas
pera
smakras
mano
plaštaka
pierna
koja
pecho
krūtinė
brazo
ranka

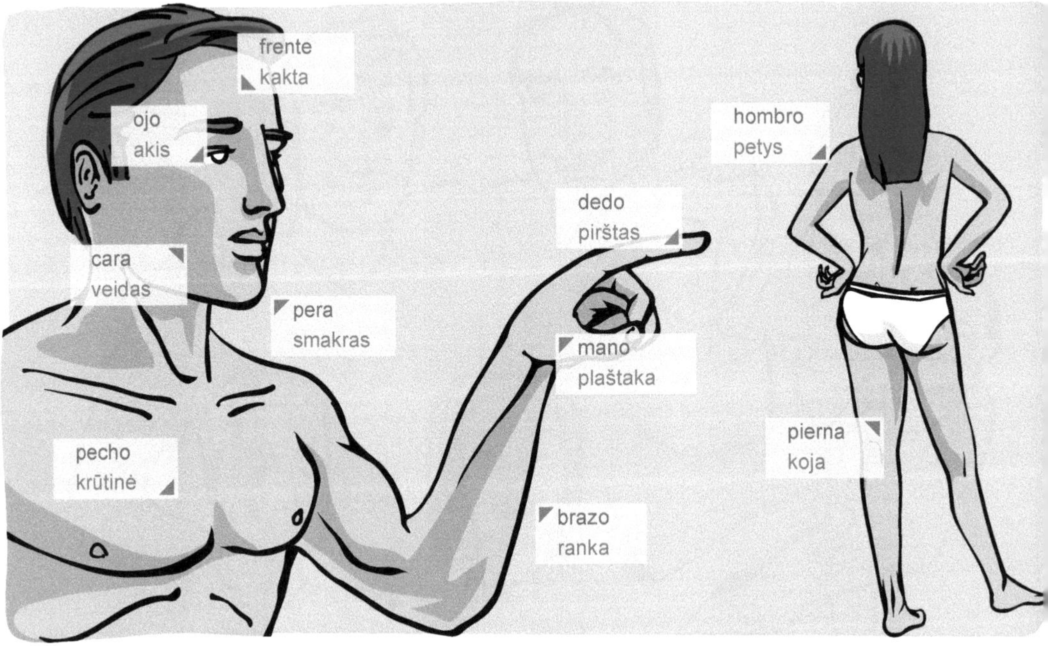

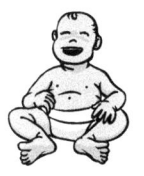

bebé

kūdikis

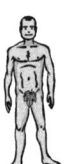

hombre

vyras

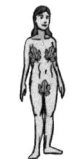

mujer

moteris

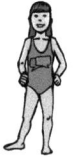

nena

mergaitė

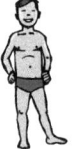

nene

berniukas

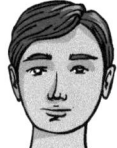

cabeza

galva

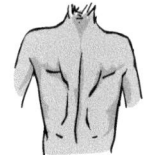

espalda

nugara

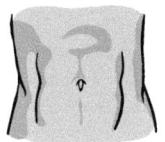

panza

pilvas

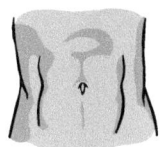

ombligo

bamba

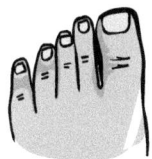

dedo del pie

kojos pirštas

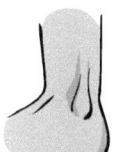

talón

kulnas

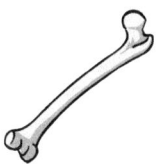

hueso

kaulas

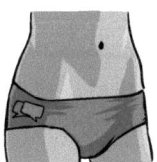

cadera

klubas

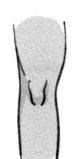

rodilla

kelis

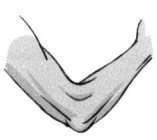

codo

alkūnė

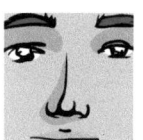

nariz

nosis

cola

sėdmenys

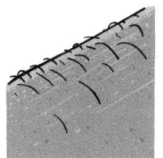

piel

oda

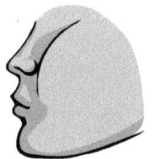

cachete

skruostas

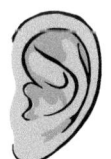

oreja

ausis

labio

lūpa

cuerpo - kūnas

69

boca

burna

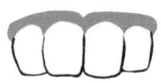

diente

dantis

lengua

liežuvis

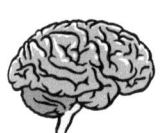

cerebro

smegenys

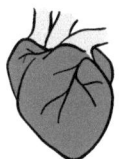

corazón

širdis

músculo

raumuo

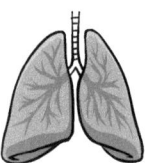

pulmón

plaučiai

hígado

kepenys

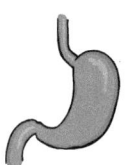

estómago

skrandis

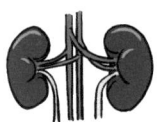

riñones

inkstai

sexo

seksas

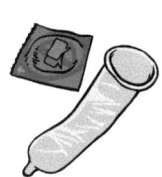

preservativo

prezervatyvas

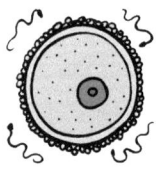

óvulo

kiaušialąstė

semen

sperma

embarazo

nėštumas

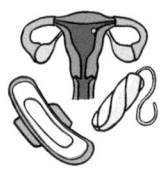

menstruación
menstruacijos

vagina
makštis

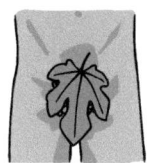

pene
varpa

ceja
antakis

pelo
plaukai

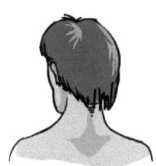

cuello
kaklas

hospital
ligoninė

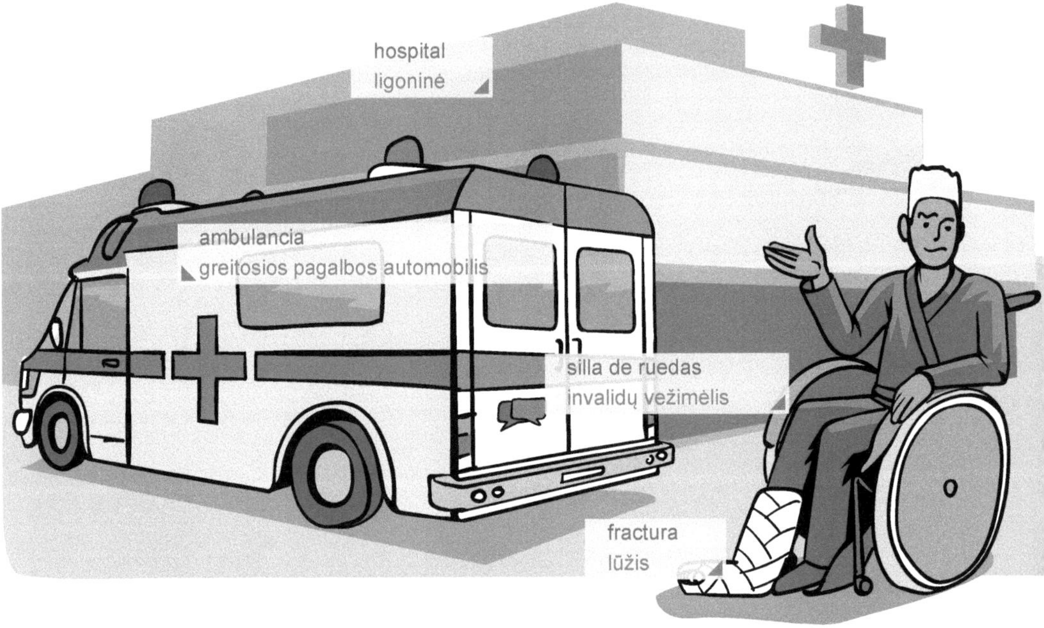

hospital
ligoninė
ambulancia
greitosios pagalbos automobilis
silla de ruedas
invalidų vežimėlis
fractura
lūžis

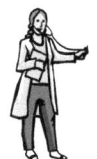

médico

gydytojas

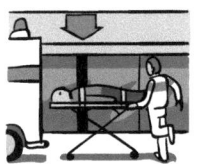

sala de guardia

skubios pagalbos skyrius

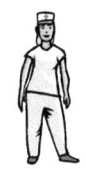

enfermera

slaugytoja

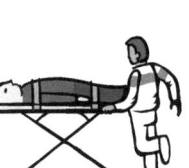

emergencia

nelaimingas atsitikimas

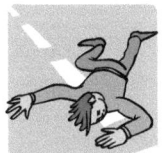

inconsciente

be sąmonės

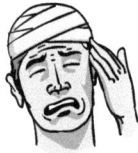

dolor

skausmas

lesión

sužalojimas

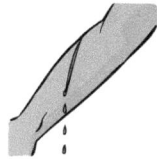

hemorragia

kraujavimas

infarto

širdies smūgis

ACV

insultas

alergia

alergija

tos

kosulys

fiebre

karščiavimas

gripe

gripas

diarrea

viduriavimas

dolor de cabeza

galvos skausmas

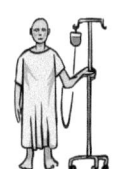

cáncer

vėžys

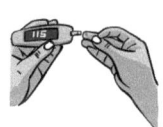

diabetes

diabetas

cirujano

chirurgas

bisturí

skalpelis

operación

operacija

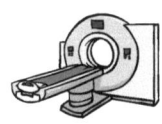

TC
KT

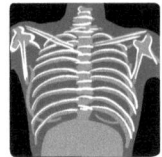

rayos x
rentgenas

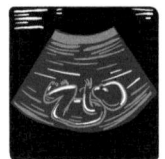

ecografía
ultragarsas

barbijo
veido kaukė

enfermedad
liga

sala de espera
laukiamasis

muleta
ramentas

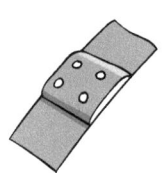

curita
gipsas

venda
tvarstis

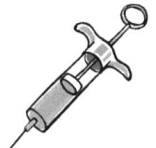

inyección
injekcija

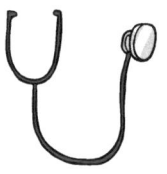

estetoscopio
stetoskopas

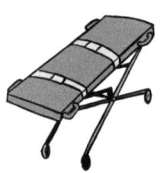

camilla
neštuvai

termómetro
termometras

nacimiento
gimimas

sobrepeso
antsvoris

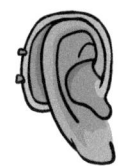

audífono

klausos aparatas

desinfectante

dezinfekavimo priemonė

infección

infekcija

virus

virusas

VIH / SIDA

ŽIV / AIDS

remedio

vaistas

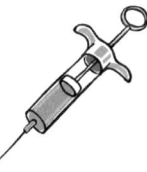

vacunación

skiepijimas

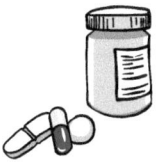

comprimidos

tabletės

pastilla anticonceptiva

piliulė

llamada de emergencia

skubios pagalbos numeris

tensiómetro

kraujospūdžio matuoklis

enfermo / sano

ligotas / sveikas

¡Ayuda!

Padėkite!

alarma

pavojaus signalas

agresión

užpuolimas

ataque

ataka

peligro

pavojus

salida de emergencia

avarinis išėjimas

¡Fuego!

Gaisras!

matafuego

gesintuvas

accidente

nelaimingas atsitikimas

botiquín de primeros auxilios

pirmosios pagalbos rinkinys

SOS

SOS

policía

policija

Europa

Europa

América del Norte

Šiaurės Amerika

América del Sur

Pietų Amerika

África

Afrika

Asia

Azija

Australia

Australija

Atlántico

Atlanto vandenynas

Pacífico

Ramusis vandenynas

Océano Índico

Indijos vandenynas

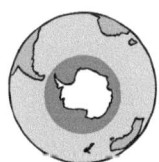

Océano Antártico

Pietų vandenynas

Océano Ártico

Arkties vandenynas

polo norte

Šiaurės ašigalis

polo sur

Pietų ašigalis

Antártida

Antarktida

Tierra

Žemė

tierra

sausuma

mar

jūra

isla

sala

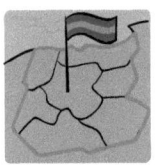

nación

tauta

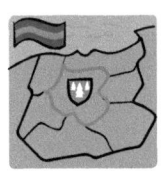

estado

valstybė

esfera

ciferblatas

manecilla de las horas

valandinė rodyklė

minutero

minutinė rodyklė

segundero

sekundinė rodyklė

¿Qué hora es?

Kiek valandų?

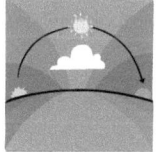

día

diena

hora

laikas

ahora

dabar

reloj digital

skaitmeninis laikrodis

minuto

minutė

hora

valanda

semana
savaitė

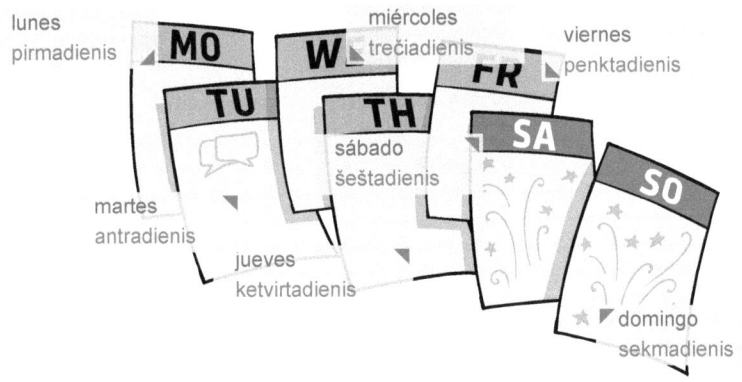

lunes
pirmadienis

miércoles
trečiadienis

viernes
penktadienis

sábado
šeštadienis

martes
antradienis

jueves
ketvirtadienis

domingo
sekmadienis

ayer

vakar

hoy

šiandien

mañana

rytoj

mañana

rytas

mediodía

vidurdienis

tarde

vakaras

días hábiles

darbo dienos

fin de semana

savaitgalis

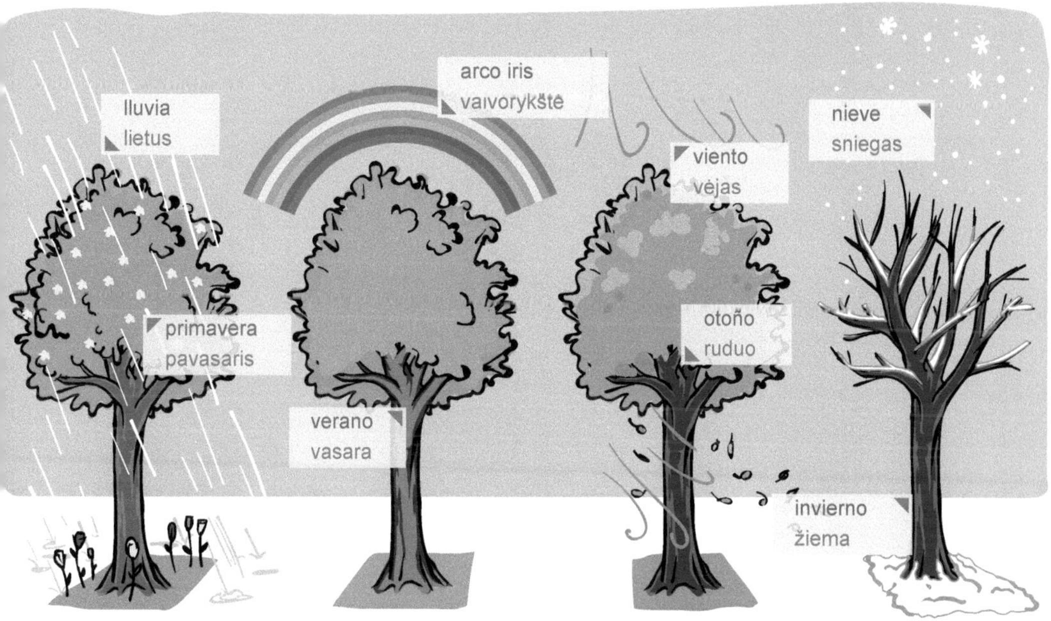

lluvia
lietus

arco iris
vaivorykštė

viento
vėjas

nieve
sniegas

primavera
pavasaris

otoño
ruduo

verano
vasara

invierno
žiema

4.APRIL	11°	☀
5.APRIL	4°	☁
6.APRIL	13°	⛈
7.APRIL	8°	❄
8.APRIL	10°	☀

pronóstico meteorológico
....
orų prognozė

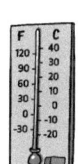

termómetro
....
lauko termometras

luz del sol
....
saulės šviesa

nube
....
debesis

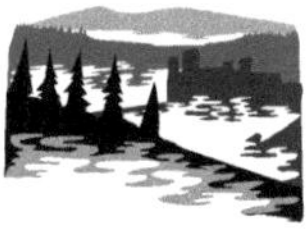

niebla
....
rūkas

humedad
....
drėgmė

rayo

žaibas

trueno

griaustinis

tormenta

audra

granizo

kruša

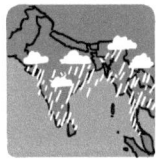

monzón

musonas

inundación

potvynis

hielo

ledas

enero

sausis

febrero

vasaris

marzo

kovas

abril

balandis

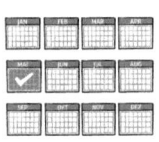

mayo

gegužė

junio

birželis

julio

liepa

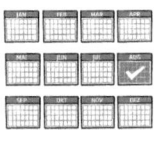

agosto

rugpjūtis

año - metai

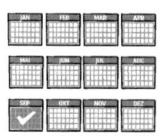

septiembre
....
rugsėjis

octubre
....
spalis

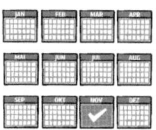

noviembre
....
lapkritis

diciembre
....
gruodis

formas

formos

círculo
....
apskritimas

cuadrado
....
kvadratas

rectángulo
....
stačiakampis

triángulo
....
trikampis

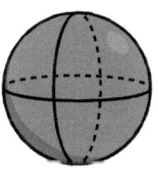

esfera
....
sfera

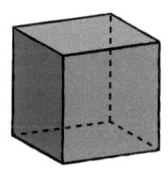

cubo
....
kubas

colores
spalvos

blanco

balta

amarillo

geltona

naranja

oranžinė

rosa

rožinė

rojo

raudona

violeta

violetinė

azul

mėlyna

verde

žalia

marrón

ruda

gris

pilka

negro

juoda

mucho / poco

daug / mažai

enojado / tranquilo

piktas / ramus

lindo / feo

gražus / bjaurus

principio / fin

pradžia / pabaiga

grande / chico

didelis / mažas

claro / oscuro

šviesus / tamsus

hermano / hermana

brolis / sesuo

limpio / sucio

švarus / purvinas

completo / incompleto

užbaigtas / neužbaigtas

día / noche

diena / naktis

muerto / vivo

miręs / gyvas

ancho / angosto

platus / siauras

comestible / no comestible
....
valgomas / nevalgomas

malo / amable
....
piktas / malonus

entusiasmado / aburrido
....
linksmas / nuobodus

gordo / flaco
....
storas / plonas

primero / último
....
pirmiausia / paskiausia

amigo / enemigo
....
draugas / priešas

lleno / vacío
....
pilnas / tuščias

duro / blando
....
kietas / minkštas

pesado / liviano
....
sunkus / lengvas

hambre / sed
....
alkis / troškulys

enfermo / sano
....
ligotas / sveikas

ilegal / legal
....
nelegalus / legalus

inteligente / estúpido
....
protingas / kvailas

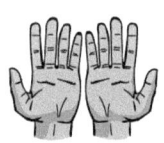

izquierda / derecha
....
kairė / dešinė

cerca / lejos
....
arti / toli

nuevo / usado

naujas / naudotas

nada / algo

niekas / kažkas

viejo / joven

senas / jaunas

encendido / apagado

įjungta / išjungta

abierto / cerrado

atidaryta / uždaryta

silencioso / ruidoso

tylus / garsus

rico / pobre

turtingas / vargšas

correcto / incorrecto

teisus / neteisus

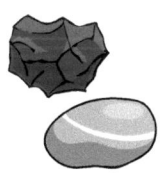

áspero / suave

šiurkštus / švelnus

triste / contento

liūdnas / laimingas

corto / largo

trumpas / ilgas

lento / rápido

lėtas / greitas

mojado / seco

drėgnas / sausas

caliente / frío

šiltas / šaltas

guerra / paz

karas / taika

0

cero

nulis

1

uno

vienas

2

dos

du

3

tres

trys

4

cuatro

keturi

5

cinco

penki

6

seis

šeši

7

siete

septyni

8

ocho

aštuoni

9

nueve

devyni

10

diez

dešimt

11

once

vienuolika

12

doce
dvylika

13

trece
trylika

14

catorce
keturiolika

15

quince
penkiolika

16

dieciséis
šešiolika

17

diecisiete
septyniolika

18

dieciocho
aštuoniolika

19

diecinueve
devyniolika

20

veinte
dvidešimt

100

cien
šimtas

1.000

mil
tūkstantis

1.000.000

millón
milijonas

inglés

anglų

inglés americano

amerikiečių anglų

chino mandarín

kinų (mandarinų)

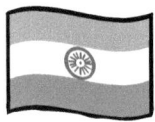

hindi

hindi

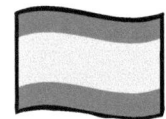

español

ispanų

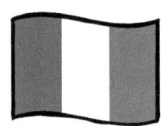

francés

prancūzų

árabe

arabų

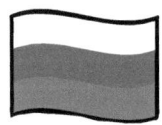

ruso

rusų

portugués

portugalų

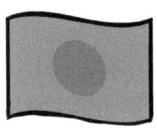

bengalí

bengalų

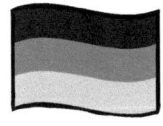

alemán

vokiečių

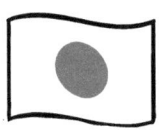

japonés

japonų

yo

aš

vos

tu

él / ella

jis / ji

nosotros

mes

ustedes

jūs

ellos

jie

¿quién?

kas?

¿qué?

ką?

¿cómo?

kaip?

¿dónde?

kur?

¿cuándo?

kada?

nombre

vardas

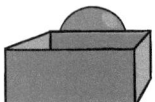

detrás

už

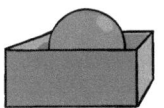

en

kur (vieta)

adelante de

priešais

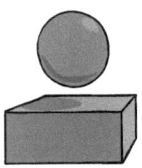

por encima de

virš

sobre

ant

debajo de

po

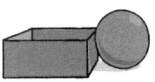

al lado de

prie

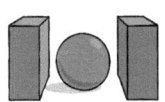

entre

tarp

lugar

vieta